미래에서 만나요!

채사장

2025. 8.

채사장의 지대넓얕

14 예술의 역사

글 채사장

책읽기를 좋아하는 평범한 사람이었던 채사장 작가님은 사람들과 지식을 나누는 대화를 하는 게 가장 재미있었어요. 이런 재미와 기쁨을 전하기 위해 2014년에 쓴 책 《지적 대화를 위한 넓고 얕은 지식》이 밀리언셀러에 오르며 인문학 도서 신기록을 달성했어요. 이후에도 다양한 책을 써서 독자들과 소통하고 있고, 강연을 통해 많은 사람들과 지식의 즐거움을 나누고 있습니다.

글 마케마케

오랫동안 그림책 작가와 어린이 책 편집자로 일하며 재미있는 이야기의 힘을 믿어 왔어요. 채사장님의 《지적 대화를 위한 넓고 얕은 지식》을 독자로 접하고 인문학이 삶을 바꿀 수 있다는 것을 실감하고는 어린이들에게 쉽게 전달하기 위해 알파의 이야기를 만들었어요. 매일 알파, 마스터와 함께 즐거운 지식 여행을 떠나고 있답니다.

그림 정용환

홍익대학교 산업디자인학과를 졸업하고 다양한 책과 매체에 일러스트 작업을 하였어요. 〈복제인간 윤봉구〉 시리즈, 《로봇 일레븐》, 《유튜브 스타 금은동》 등 다양한 어린이 책의 그림을 그렸으며 《슈퍼독 개꾸쟁》을 쓰고 그려서 제1회 '이 동화가 재미있다' 대상을 받기도 했지요. 어린이들이 교양을 익히고 더 나은 삶을 꿈꿀 수 있도록 이 이야기에 아름다운 그림과 색채를 입혀 주었답니다.

채사장의 지대넓얕 14
(지적 대화를 위한 넓고 얕은 지식)

초판 1쇄 발행 2025년 8월 7일

지은이 채사장, 마케마케
그린이 정용환
펴낸이 권미경
마케팅 심지훈, 강소연, 김재이
디자인 양X호랭 DESIGN

펴낸곳 ㈜돌핀북
등록 2021년 8월 30일 제2021-000179호
주소 서울시 마포구 토정로 47, 701
전화 02-322-7187 팩스 02-337-8187
메일 sky@dolphinbook.co.kr

ⓒ채사장, 마케마케, 정용환, 2025
ISBN 979-11-93487-25-9 74900
979-11-975784-0-3 (세트)

이 책을 무단 복사·전재하는 것은 저작권법에 위반됩니다.
잘못 만들어진 책은 구입하신 서점에서 교환해드립니다.

채사장의
지대넓얕

지적 대화를 위한 넓고 얕은 지식

14 예술의 역사

글 채사장, 마케마케
그림 정용환

저자의 말

아름다움에 대한 시선과 지식

안녕하세요? 채사장입니다.

저는 대중에게 인문학 강의를 하며, 책을 쓰고 있어요.

제가 난생 처음 쓴 책이 《지적 대화를 위한 넓고 얕은 지식》입니다. 바로 지금 여러분이 읽고 있는 이 책의 성인판, 여러분의 부모님도 선생님도 읽었을 책이지요. 첫 책인데도 아주 많은 사람들에게 큰 사랑을 받았습니다.

그런데 이 책은 사실, 어른이 되기 전에 읽어야 하는 내용이에요. 조금이라도 더 어릴 때 알면 좋은 내용! 그래서 어른이 아니어도 잘 읽을 수 있도록 이렇게 쉽고 재미있는 책으로 만들었습니다.

왜 저는 《지적 대화를 위한 넓고 얕은 지식》과 같은 인문학 책을 썼을까요?

대답을 위해 저의 어린 시절로 거슬러 올라가 보겠습니다. 저는 책을 읽지 않는 어린이였어요. 학교에서는 맨 뒤에 앉아 엎드려 잠만 자는 아이였지요. 세상과 사람에 대해서 통 관심이 없었어요. 그렇게 어영부영 고등학생이 된 어느 날, 너무 심심한 나머지 처음으로 책 한 권을 읽었습니다. 그 책은 소설 《죄와 벌》이었는데, 책을 읽고 저는 충격을 받았어요. 제 주변의 세계가 확 다르게 보였죠. 그때부터 저는 닥치는 대로 책을 읽기 시작했어요. 세계가 너무도 신기했고, 인간이 참으로 신비했죠.

하지만 성인이 될수록 세계를 더 잘 이해하기는커녕 도무지 이해할 수 없었어요. 왜 어떤 사람은 부자이고 어떤 사람은 가난할까? 왜 어떤 인간들은 약한 자들 위에 올라서고, 전쟁을 일으키는 걸까? 궁금했어요.

역사를 잘 살펴보니 그 답이 있었습니다. 오늘날 왜 경제에 의해서 세계가 좌지우지되는지 원인과 흐름을 이해할 수 있었죠. 인문학은 이렇게 세계를 보는 눈을 뜨게 해 줍니다.

예술도 인문학에 속해요.
예술은 단지 '멋진 그림'이나 '아름다운 음악'을 넘어서 사람이 무엇인지, 무엇을 느끼고 어떻게 살아야 하는지를 묻는 활동이기 때문이에요. 또 아름다움을 사랑하고, 아름다움에 감동하고, 이를 표현하고 싶어 하는 인간의 본성이 예술 속에 자연스럽게 드러나기도 해요. 때로는 말보다 강하게 세상을 향한 메시지를 전달하기도 하지요.

이제부터 여러분은 예술, 특히 서양 미술의 역사를 함께 배워 볼 거예요. 미술사 속에는 인간이 어떻게 신을 바라보고 세상을 이해했는지, 그리고 자신을 어떻게 표현해 왔는지가 담겨 있어요.
아름다운 작품 앞에서 감동하고, 자신의 감상을 솔직하게 나누는 것도 중요한 인문학적 태도랍니다. 나의 감정에 귀 기울이고, 타인의 시선을 존중하는 연습이 되니까요.
그럼 저와 함께 아름다운 예술의 세계로 떠나 볼까요?

2025년 여름에, 채사장

차례

프롤로그 갑작스러운 손님 · 11

1 예술에 대한 입장
우리에겐 예술이 필요해 ——— 21
- 채사장의 핵심 노트 어떤 그림이 훌륭한가 ——— 40
- 마스터의 보고서 예술의 구분 ——— 41
- Break time 비슷한 그림 찾기 ——— 42

2 고대 미술
파라오의 영혼을 위하여 ——— 43
- 채사장의 핵심 노트 아름다움이 대상이 되다 ——— 68
- 마스터의 보고서 헬레니즘 문화 ——— 69
- Break time 피라미드를 통과하라 ——— 70

3 중세 미술
신의 시대, 암흑의 시대 ——— 71
- 채사장의 핵심 노트 신에게 종속된 예술 ——— 96
- 마스터의 보고서 조토 디 본도네 ——— 97
- Break time 로마네스크 VS 고딕 ——— 98

4 르네상스 미술1
다시 활짝 피어나다 ... 99
- 채사장의 핵심 노트 부활과 재생 ... 124
- 마스터의 보고서 메디치가 이야기 ... 125
- Break time 마스터의 탄생 ... 126

5 르네상스 미술2
르네상스의 천재들 ... 127
- 채사장의 핵심 노트 다 빈치와 미켈란젤로 ... 158
- 마스터의 보고서 르네상스 시대의 화가들 ... 159
- Break time 가로세로 낱말풀이 ... 160

(에필로그) 새로운 시대가 온다 · 161

(최종 정리) ... 166

등장인물

채

친구들과 가상 세계 철학 여행을 마치고
원래의 자리로 돌아온 지식 카페 사장.
추억이 담긴 카페에서 평범한 일상을 살아가던 어느 날,
요란하게 다시 찾아온 알파를 만나게 된다.
고민 많은 신 알파와 어딘가 수상해 보이는
카페 손님 네네와 함께 얼떨결에 예술사 여행을 떠나는 채!
고대 이집트부터 중세 시대를 지나
르네상스에 이르기까지……, 여러 작가와 작품을 통해
예술이라는 진리에 성큼 다가선다.

알파

다른 차원의 우주에 지구와 비슷한 행성을 창조하고
인간의 진화를 손꼽아 기다리던 중간 단계의 신.
열심히 철학을 공부한 덕분에 드디어 그의 행성에도
인간이 나타났다. 그러나 기대했던 인간들은
조금도 아름답지 않았고, 아름다움을 느낄 줄도 몰랐다.
미움과 경쟁만이 가득한 인간 사회를
보다 못한 알파는 또다시 채에게 도움을 청한다.

네네

채의 카페에 앉아 조용히 그림을 그리던 수수께끼의 손님.
알파가 들어오는 순간, 수다쟁이가 되어 이런저런
참견을 한다. 알파의 행성에 예술이 없다는 것을
알아차리고는 예술사 공부를 권하기도 한다.
흥분을 잘하고 정신없기는 하지만
그림 실력만은 최고! 다양한 양식의 그림을 즉석에서
그려 낼 정도로 미술에 대한 이해도가 높다.

마스터
알파와 항상 함께 다니는 흰색 쥐.
알파보다 높은 상위 신이다.

레오나르도 다 빈치
예술과 과학을 넘나든
르네상스의 천재.
〈모나리자〉를 그린 화가.

미켈란젤로
인간의 육체를
신의 형상으로 빚은 조각가.
〈천지창조〉를 그린 거장이다.

이 책을 읽는 방법

이 책은 어른들을 위해 처음 만든 《지적 대화를 위한 넓고 얕은 지식》을 어린이들도 볼 수 있게 만든 책이에요. 많은 지식들을 하나의 흐름으로 정리해 주는 책이죠. 여러분만의 특별한 독서법을 통해 이야기 속에 숨어 있는 지식과 그 지식을 꿰뚫는 통찰을 발견하면 좋겠어요.

Step 1 이야기에 집중하기

처음 읽을 땐 일단 순서대로 이야기를 따라가는 데 집중해 보세요. 이야기 속 인물들은 예술의 역사를 훑어보며 다양한 예술가들을 만나고 있어요. 인물들의 생각과 심리를 잘 살펴보고 "왜 그랬을까?", "이럴 때 어떤 마음이 들었을까?" 같은 질문을 던져도 좋아요. 어려운 단어나 모르는 내용이 나오면 멈춰서 찾아봐도 되지만 일단은 계속 독서를 진행해도 괜찮답니다.

Step 2 핵심 단어와 흐름 찾기

총 5화에서 펼쳐지는 이야기들은 고대부터 르네상스까지 예술사의 주요 개념을 다루고 있어요. 각각의 작품이 다루는 주제와 표현법을 자세하게 알아보는 것도 재미있지만 세계사의 흐름에 따라 예술의 입장이 절대주의, 상대주의, 회의주의로 어떻게 변화하는지 살펴보고 감상하는 기쁨도 클 거예요. 이야기 속에 등장하는 작품들의 공통점과 차이점을 발견하고, 어떤 관점을 가지고 있는지 생각하면서 읽어 보세요. 물론 처음부터 파악하기엔 쉽지 않을 거예요. 그러나 여러 번 책을 읽고 정보 페이지를 활용하면 개념에 익숙해질 거예요.

Step 3 지적 대화 나누기

"아름다움이란 무엇일까?"
"이 시대 사람들은 왜 이런 양식의 표현법을 사용했을까?"
"과거의 그림과 현재의 그림은 어떻게 다를까?"
"예술 작품을 볼 때 어떤 감정이 일어날까?"
책을 읽다 보면 여러 가지 의문점이 생길 거예요. 그리고 여러 번 꼼꼼하게 읽거나 다른 자료를 찾아보면 어느 정도 의문점이 해소될 수도 있을 거고요. 이렇게 내가 궁금했던 것, 발견한 내용에 대해 친구들이나 부모님과 이야기해 보세요. 토론을 통해 책을 읽은 것보다 더 큰 기쁨과 지혜를 만날 수 있을 거예요. 책의 마지막 장을 덮은 후에도 우리의 이야기는 계속 이어질 테니까요.

갑작스러운 손님

소복소복 조용히 눈이 쌓이던 그날 오후, 채의 카페 천장에서 요란한 소리와 함께 떨어진 건 다름 아닌 알파와 마스터였어.

그래, 뭐 그렇게 놀랄 일도 아니지. 알파는 신이니까 그 능력을 이용해 시공간쯤은 충분히 초월할 수 있었을 거야.

그런데 문제는 알파의 표정이었어. 채를 바라보는 얼굴은 분명 간절하게 도움을 청하는 눈빛이었거든.

"도와줘, 채! 큰일 났다고!"

알파는 평소처럼 큰 소리로 외쳤어.

하지만 알파가 간과한 것이 있었어. 아무도 없는 듯 조용했던 채의 카페에 손님이 머무르고 있었다는 거지. 자리에서 사각사각 그림을 그리던 손님은 기다렸다는 듯 벌떡 일어나더니 잔뜩 상기된 얼굴로 외쳤어.

말없이 있을 때는 몰랐는데 손님은 꽤나 수다스러웠어.
"그리고 조금 전에 이 아저씨, 자기가 신이라고 하지 않았어요? 무슨 신이 이래요? 어떤 도움이 필요한 건데요? 네? 네?"
한 열다섯 살 정도 되었을까? 손님은 아직 어린 티가 남아 있는 소녀였지.

"그런데, 문제가 있어! 그 인간들 뭔가 이상해!"

"이상하다고요? 무슨 소리죠?"

알파는 거의 울 것 같은 얼굴이었어. 철학 공부를 마친 알파는 그리운 자신의 행성으로 돌아갔어. 행성의 모습은 알파가 떠나올 때와 크게 다르지 않아 보였어. 하지만 그동안 수많은 생물이 진화하고 멸종하며 조금씩 새로운 모습도 띠고 있었지. 그리고 드디어……, 꼬리 없는 원숭이로부터 진화한 생명체가 무리를 지어 살기 시작한 거야! 그들은 제법 영리해서 문명을 이루고 자손을 번성시켰어.

알파는 오래 기다려 온 만큼 인간들이 이 행성에서 자리를 잡고 행복하게 살 수 있도록 말없이 바라보며 도움을 주었어. 하지만 참 안타깝지? 그들은 그다지 사랑스러운 존재가 아니었어. 감정이 억눌려 있거나 감정이 아예 없는 것처럼 행동했고, 철저하게 자신의 이익만을 위해 움직였지.

자연의 경이로움에 감동하여 노래를 부르지도 않았고, 신을 찬미하거나 저 하늘 너머의 세계를 동경하지도 않았어. 슬프게도, 그들은 영리하면 영리해질수록 교활해질 뿐이었어.

서로를 미워하고 배척하고 경쟁했지. 자신에게 방해가 되면 친구를 다치게 하거나 죽이는 일도 서슴지 않았어.

알파가 사랑했던 그의 행성 또한 빠른 속도로 황폐해졌어. 기껏 나타난 인간들이 이 모양이라니. 알파는 너무 괴롭고 외로웠어. 한참을 고민하던 알파는 차원을 이동해 채를 찾아온 거야.

채는 안타까운 눈으로 알파를 바라보았어. 언제나 생기 가득했던 알파의 얼굴은 어느새 퍼석하게 상해 있었지. 알파는 너무 오래 지쳐 있었던 거야.

알파는 머리를 갸웃했어. 예술이라……. 그러고 보니 행성의 인간들이 예술을 하는 건 본 적 없었거든. 동굴에 그림을 그리거나 악기를 만드는 모습도 제대로 본 적이 없었지.

손님의 말을 들은 채도 곰곰이 생각하더니 고개를 끄덕였어.

"그래요. 아름다움을 모르는 존재들이라면 예술을 창조하지 못했겠네요."

손님은 더욱 신이 나서 종알거렸어.

"아유~! 내가 그럴 줄 알았어! 예술이 없으니까 인간들이 그 모양 그 꼴이죠! 아저씨, 아저씨가 신이라면서요? 인간들에게 진작 그런 거나 좀 가르치지 그랬어요?"

"야, 내가 예술에 대해 뭘 알아야 가르치든 말든 할 거 아냐? 아니, 그것보다 너 어른들 얘기하시는데 좀 비켜 줄래?"

알파는 손님의 수다에 머리가 다 지끈거릴 지경이었지. 저리 좀 가라며 슬쩍 옆으로 밀쳐도 손님은 끄떡없었어.

"에이, 어리다고 무시하지 말고 제 도움을 받아 보세요."

창밖의 눈은 아직도 펄펄 날리고 있었어. 채는 조용히 생각했어. 이 이상한 손님과 함께라면 단순하고 평온한 일상이 와장창 깨지면서 대단한 모험이 시작될 것 같다고 말이야.

우리에겐 예술이 필요해

손님은 발끈하더니 말했다.

"휴, 알겠어요! 제가 실력을 증명해 드리면 되잖아요."

손님은 알파의 옷소매를 잡아끌더니 카페 구석에 있는 의자에 앉혔다. 얼떨결에 앉은 알파가 어리둥절하고 있는 사이에 그녀는 스케치북과 연필을 준비했다. 손님은 알파와 마주 앉고 연필을 들어 대강 비례를 잡더니 자신 있게 웃었다.

"제가 얼마나 그림을 잘 그리는지 놀라지나 마시라고요."

설마 알파를 모델로 그림을 그리려는 걸까?

"우와, 손님 진짜 대단하신데요?"

채는 뜻밖의 실력에 깜짝 놀랐다. 그도 그럴 듯이 손님의 그림은 꽤나 그럴듯했기 때문이다. 알파를 복사기에 넣고 그대로 복사한 수준이었다.

정확한 비례와 원근법, 안정적인 구도에 머리카락 한 올 한 올 살아 있는 디테일. 표정이나 각도까지 완벽 그 자체였다.

채는 자기도 모르게 탄성과 박수가 절로 나왔다. 알파도 궁금한지 엉덩이를 들썩거렸다.

"왜? 왜? 어떻게 그렸는데?"

하지만 손님의 반응은 그다지 좋지 않았다. 그림이 마음에 들지 않다는 듯 고개를 절레절레 저었다.

"하아, 이게 아닌데……."

그녀는 방금 그린 그림 한 장을 스케치북에서 부욱 찢어 휙 던져 버리는 것이었다. 도대체 뭐가 마음에 안 들어서 저러는 걸까? 채와 알파는 이제 그녀의 행동을 이해하는 걸 포기해야 할 것 같았다.

손님은 가방에서 다른 그림 도구들을 꺼내기 시작하더니 순식간에 조립용 이젤을 설치하고 팔레트와 붓을 꺼냈다.

손님은 이번엔 다양한 색을 이용하여 알파를 표현하려는 것 같았다. 그녀는 다짜고짜 붓에 노란 물감부터 찍어 힘차게 스케치북에 그었다. 이번엔 빨간색, 다음엔 초록색. 알파와는 상관없는 화려한 색채들이 곧 스케치북을 가득 채웠다.

 채가 슬쩍 보기에 이번 그림은 그다지 알파처럼 보이지는 않았다. 그러나 붓 터치가 계속될수록 자신의 행성을 사랑하면서도 앞날을 알 수 없어 고민에 빠진 중간 단계의 신, 그의 번뇌와 고통이 화려한 색채 안에서 분명하게 느껴졌다.

하지만 손님은 이번에도 무언가 마음에 안 든 모양이었다. 이번에는 아예 고래고래 소리까지 지르는 것이었다.

"아니야, 아니야! 이게 아니라고! 으아아아!!"

그녀는 그림이 그려진 종이를 또 북 찢어서 한쪽으로 던져 놓았다. 채는 그림들이 손상되지 않도록 서둘러 정리했다.

그녀는 별안간 알파에게 성큼성큼 다가갔다.

"아저씨, 비켜 봐요!"

"잉? 비키라고? 나 말이야?"

손님은 알파의 말에 대답도 않고 그의 의자를 냅다 빼앗아 앉았다. 가엾은 알파가 휘청거리다 바닥에 철푸덕 쓰러졌지만 그녀는 전혀 신경 쓰지 않는 눈치였다.

그렇게 모델의 자리를 빼앗은 화가는 한참을 그 상태로 의자에 앉아 있었다.

채는 세 종류의 그림을 순서대로 테이블 위에 놓았다.

첫 번째 그림은 알파의 있는 그대로의 모습을 복사한듯 똑같이 그린 그림이었고, 두 번째 그림은 느낌과 감정만 살린 화려한 붓 터치 그림이었다. 세 번째는 아예 알파가 그려지지도 않은 작품이었다.

"아저씨는 어떤 그림이 마음에 드세요?"

손님이 알파에게 물었다. 그러나 알파는 선뜻 대답하지 못했다. 각각의 그림엔 저마다의 매력과 마음을 울리는 부분이 있었기 때문이다.

사진기처럼 정교하게 표현한 첫 번째 그림도 좋았고, 색채로서 불안한 정서를 표현한 두 번째 그림도 마음에 들었다. 세 번째 그림은 좀 어려웠지만, 뭔가 있어 보이는 게 나쁘지 않았다.

일단, 알파는 손님의 실력 하나는 인정해야겠다고 생각했다. 말만 번지르르한 수다쟁이가 아니라는 사실을 작품을 통해 충분히 보여 주었기 때문이다.

하지만 아무리 자기 실력을 뽐내고 싶다고 해도 그림을 세 개씩이나 그려야 했을까?

그때 마스터가 알파의 머리 위로 쪼로로 올라가서 말했다.

"알파, 너 이 친구에게 예술을 배워도 되겠는데?"

알파가 무슨 소리냐는 듯 눈살을 찌푸리자 채도 다가와 아리송한 말을 했다.

"그러네요. 이 세 장의 그림 안에 미술사를 요약했으니, 손님은 대단한 실력자인 게 확실해요."

알파는 채와 마스터가 무슨 말을 하는지 잘 이해되지 않았다. 채가 빙그레 웃으며 설명하기 시작했다.

"잘 봐요, 알파. 이 그림들은 미술사의 특별한 흐름을 상징하고 있어요."

마스터도 말을 받았다.

세 번째 그림은 현대 미술! 현대 미술이 무엇인지 규정하기는 어렵지.

하지만 그림의 내용이나 형식이 과거의 것을 거부하는 측면이 있어.

그럼 시대가 바뀌면서 예술도 바뀌었다는 뜻인가?

절대적인 진리는 있어. 절대적인 아름다움을 찾자!

철학 공부하면서 배운 절대주의, 상대주의, 회의주의 기억 나지요? 철학처럼 미술의 입장도 세 가지로 나눌 수 있어요.

고전 미술은 '절대주의'

예술이 무엇이라고 생각해? 예술이라고 규정되는 모든 것을 의심해야 해!

절대적인 게 어디 있어? 그리는 사람에 따라 다른 거지!

절대적 진리에 저항하는 낭만주의는 '상대주의'

현대 미술은 '회의주의'에 속하죠.

"흐음, 그렇군. 잘 알겠네."

알파는 알아들은 척 고개를 끄덕였지만 사실 무슨 말인지 잘 이해가 가지 않았다. 그런데 손님이 언제 왔는지 알파의 어깨를 토닥이며 위로하는 말투로 말했다.

"에휴, 아저씨. 모르는 걸 부끄러워할 필요는 없어요. 이제부터 하나하나 배우면 되지요."

어쩐지 뜨끔한 알파였다.

 알파는 순간적으로 글과 그림, 음악으로 가득한 자신의 행성을 떠올려 보았다. 어쩌면 그것이 알파가 처음부터 행성을 만든 이유였는지도 모른다.
 아름다움에 감동하고 새로운 것을 창조하면서 끊임없이 고민하고 공감하는 인간들. 생각만 해도 가슴이 벅차올랐다. 어서 그들의 모습을 가까이에서 보고 싶었다.

알파는 잠시 생각을 멈추고 손님의 얼굴을 다시 보았다. 보면 볼수록 누군가가 생각이 날 듯 말 듯 가슴이 답답했다.

알파는 기억을 꺼내 보려는 듯 그녀에게 물었다.

"너……, 그런데 이름이 뭐냐?"

손님은 뭐 그런 질문을 다 하냐는 듯한 얼굴이었다.

"이름요? 글쎄요."

그러자 놀라운 일이 일어났다. 네네가 그린 모양 그대로 주황색 차원의 문이 열리는 것이었다.

채와 알파는 놀라서 입이 떠억 벌어졌다. 마스터만이 준비가 된 듯 쪼로로 달려와 네네의 어깨 위에 살포시 앉았다.

"뭐 해요? 안 갈 거예요?"

네네는 알파와 채의 손을 잡고 문 안으로 끌어당겼다.

이내 익숙하고 따뜻한 온기가 그들을 감싸안았다.

어떤 그림이 훌륭한가

○ 미술에 대한 우리들의 견해

앞서 읽은 이야기에서 채의 카페를 방문한 네네라는 손님은 세 가지 종류의 그림을 그렸어요. 첫 번째 그림은 안정되어 보이며 완벽한 비례를 갖춘 조화로운 그림이에요. 두 번째 그림은 형태가 정확하진 않지만 강한 정서가 느껴지는 그림이었어요. 마지막 그림은 조금 이해하기 어려웠어요. 하지만 '대상이 소거된 그림'이라는 새롭고 신선한 스타일의 작품이었지요.

그림 A

그림 B

그림 C

○ 미술사의 세 가지 입장

이 그림들은 미술사에서 가장 기본이 되는 세 가지 입장을 대변하는 그림들이에요.
A는 '고전주의'로 대표되는 예술 사조로, 이성을 통해 그림을 그리는 화풍이에요.
B는 '낭만주의'로 대표되는 화풍으로, 화가 내면의 개성과 표현 방식을 중시하지요.
C는 '현대 미술'이에요. 현대 미술은 회화의 내용부터 형식까지 예전 것들을 거부하고 새로운 것을 추구하고 있어요.

예술을 생각하면 어렵고 막막하다고요? 방금 구분한 고전주의, 낭만주의, 현대 미술에 대해서만 대략적으로 이해하더라도 실제 작품을 그린 사람이 무엇을 강조하고 싶었는지 조금은 알 수 있을 거예요. 물론 화가와 작품에 대한 상세한 설명은 그 이후에 공부해야겠지만요. 이제부터 절대주의, 상대주의, 회의주의의 세 측면을 생각하면서 미술의 역사를 하나하나 알아볼게요. 자, 그럼 매력적인 미술의 세계로 우리 함께 떠나 볼까요?

- A 절대주의 – 고전주의
- B 상대주의 – 낭만주의
- C 회의주의 – 현대 미술

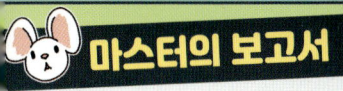

예술의 구분

과학과 철학처럼 예술도 엄연한 진리의 후보라고 볼 수 있다. 비록 예술이 합리적이고 논리적인 분야는 아니지만 예술을 향유하는 과정에서 인간은 삶에 대한 깊은 이해를 얻을 수 있기 때문이다.

그러나 예술은 다른 진리들에 비해 너무 개인적이라는 특징이 있다. 사람마다 느끼고 생각하는 것이 다르기 때문에 공통적인 부분을 찾아 일반화하는 것이 무척 어렵다. 이러한 이유로 예술은 과학, 철학, 종교와 같은 다른 분야에 비해 중요한 진리로 받아들여지지 않았다. 하지만 예술을 감상함으로써 우리 개개인은 내면의 심오한 울림을 얻는다. 그리고 그 울림은 우리를 다른 진리로 인도하기도 한다.

예술의 분야는 다양하다. 그러나 크게 구분하자면 '시간의 형식을 따르는 예술'과 '공간의 형식을 따르는 예술'로 나눌 수 있다. 시간의 형식을 따르는 예술에는 문학, 음악, 무용이 있다. 회화, 조각, 건축은 공간의 형식을 따르는 예술에 속한다.

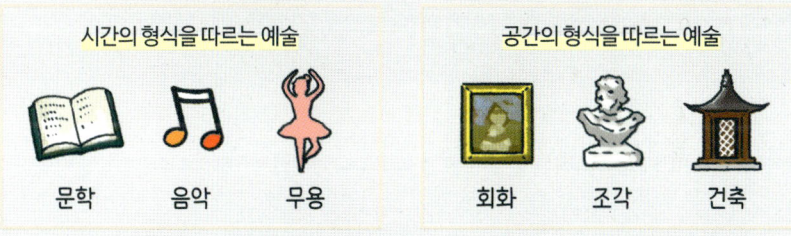

각각의 예술을 어떤 방식으로 감상하는지 떠올려 보면 이 예술이 무엇에 의존하는지 알 수 있을 것이다. 음악을 들을 때에는 시간이 필요하다. 단 몇 초 만에 한 곡의 음악을 제대로 감상할 수 없다. 문학이나 무용도 마찬가지다. 작품을 제대로 만나려면 온전한 시간이 필요하다. 이러한 예술들이 시간의 흐름을 기반으로 만들어졌기 때문이다.

한편, 조각 작품을 감상할 때는 다르다. 작품을 보는 순간, 직관적으로 느낌이 다가온다. 그것은 조각이 시간보다는 공간에 의존하는 예술 분야이기 때문이다.

이 책에서는 주로 2차원의 공간을 기반으로 하는 회화를 중심으로 예술의 역사에 대해 알아볼 것이다.

Break Time
비슷한 그림 찾기

아래 그림들을 보고 '고전주의' '낭만주의' '현대 미술'을 구분할 수 있을까? 고전주의처럼 보이는 그림에 A, 낭만주의로 보이는 그림에는 B, 현대 미술처럼 보이는 그림에는 C라고 써 봐.

▲ 칸딘스키 〈구성8〉

▲ 보티첼리 〈프리마베라〉

▲ 아마데오 드 수자 카르도주 〈연구A〉

▲ 프리드리히 〈안개 바다 위의 방랑자〉

▲ 라파엘로 〈초원의 마돈나〉

2 고대 미술

파라오의 영혼을 위하여

　문을 열고 나오자 보이는 것은 저 멀리 위풍당당하게 서 있는 피라미드였다.
　"자, 잠깐, 피라미드?"
　알파는 놀라서 눈을 끔뻑거렸다. 건조하고 뜨거운 공기, 길가에 서 있는 열대의 나무들, 장터를 지나는 고대인들의 모습. 그렇다면 혹시……, 여기가 이집트는 아니겠지? 조금 전 네네가 주황색 크레용으로 문을 그린 것까지는 확실히 기억이 나는데, 갑자기 고대 이집트라니!

"전 그냥 아까 아저씨가 들어왔던 문을 흉내 내서 그려 본 것뿐이에요. 그런데, 우리 지금 시간 이동한 거 맞죠? 우와!"

네네는 한껏 상기된 얼굴로 말했다.

"아저씨 신이라더니 진짜인가 봐요. 능력이 얼마나 대단하면 제가 상상한 것까지 이뤄졌을까요?"

"뭐?"

알파는 조금 으쓱해져 자신의 손을 바라보았다.

'하긴, 내 능력이 좀 대단하긴 하지. 그런데 신적 능력이 옆에 있는 사람에게도 전파될 수 있는 건가?'

알파는 고개를 갸웃거리며 생각했다.

대충 상황을 파악한 채는 두리번거리며 주변부터 살폈다. 정확한 시기를 추정할 수는 없지만 이곳은 카이로의 기자 지역인 것 같았다. 멀리 피라미드가 보이는 장터는 다양한 사람들로 붐볐다. 나귀와 양과 염소가 줄에 매여 울고 있었고 대추야자와 무화과를 파는 상인들도 보였다.

빵과 맥주를 항아리에 담아 파는 상인들, 흰 아마포를 펼쳐 놓고 장사를 하는 노인, 음식을 구걸하거나 신비로운 부적을 파는 점쟁이들까지 낯선 향기와 소리로 정신이 없었다. 북적이는 사람들의 열기로 가득한 장터의 모습을 넋 놓고 구경하느라 채는 달려오는 행인을 미처 보지 못했다.

풀썩 쓰러진 행인을 보고 채가 놀라 물었다.

자세히 보니 노란 천을 뒤집어쓴 아름다운 여인이었다.

그녀는 겁에 질린 듯 떨고 있었다.

그녀는 주변을 살피더니 일행들에게 다짜고짜 하소연을 늘어놓았다.

"저는 오랫동안 파라오의 시중을 들던 시녀예요. 파라오께서 위중하게 되자 본격적으로 피라미드를 꾸민다는 소식을 듣게 되었어요."

그녀는 이야기를 잠시 멈추었다. 딱 보기에도 이방인 같은 일행들이 자기 말을 이해 못할 거란 생각이 들어서였다.

"저기……, 피라미드가 뭔지는 아시죠?"

"그, 그럼요!"

채는 멀리 거대한 돌산처럼 하얗게 빛나는 피라미드를 가리켰다. 현대에 남아 있는 피라미드는 모래와 같은 황토색이지만, 먼 과거에는 매끈하고 흰 석회암이었다.

보는 것만으로도 압도적인 건축물이었지만 고대 이집트인들에게 피라미드란 단순한 건축물 그 이상이었다. 죽음 이후의 세계에 대한 이집트인들의 특별한 믿음이 들어간 공간이었기 때문이다.

이집트인들은 신처럼 모시던 파라오가 세상을 떠나면, 원래 살았던 하늘로 돌아간다고 생각했다. 이때 높이 치솟은 피라미드가 파라오의 영혼을 하늘로 보내 준다고 믿었다.

일행은 놀라서 서로의 얼굴을 마주 보았다. 과거 지위가 높은 사람이 세상을 떠나면 그가 살아생전 부리던 노예들을 함께 무덤에 묻는 순장 문화가 세계 곳곳에 존재했다.

그 안에 갇힌 이들을 기다리는 건 참혹한 죽음뿐이었다.

"저는 아직 죽고 싶지 않아요! 살고 싶단 말이에요!"

시녀는 충격이 컸는지 주저앉아 엉엉 울기 시작했다.

　두 남자는 천으로 얼굴을 가린 네페라를 용케 알아보고 그녀의 앞으로 다가왔다.

　"어서 가자! 파라오께서 가장 아끼시던 시녀가 이러고 있으면 되겠느냐?"

　신하들은 네페라의 손목을 잡고 좋은 말로 달래기 시작했다. 그러나 그녀는 그 손을 거칠게 뿌리치며 울부짖었다.

　"싫어요! 누가 모를 줄 알아요? 지금 가면 저 죽는다고요. 파라오의 시신과 함께 저를 묻을 거잖아요!"

"순장하려던 게 아닙니까?"

알파는 뭔가 잘못 돌아가고 있다는 걸 눈치채고 슬쩍 물어보았다. 신하들은 어이가 없다는 듯 허탈하게 웃었다.

"뭐, 나도 과거에는 피라미드에 사람을 같이 넣었다는 기록을 본 적은 있소."

"하지만 그건 옛날 일이죠. 우린 그런 이상한 방법으로 매장하지 않는다고요."

신하들은 이제 거의 애원하듯이 여인에게 매달렸다.

걱정이 되어 피라미드까지 따라왔지만, 이 모든 호들갑이 무색할 정도로 현장은 평화로웠다. 신하들의 말처럼 왕의 시중을 들던 수행원들은 저승길까지 따라갈 필요가 없었다. 그림으로 대신 그리면 그만이었기 때문이다. 알파와 채, 그리고 네네는 조금 허탈한 표정으로 화가들의 그림을 바라보았다.

어리둥절하는 알파를 보고 네네가 다가와 말을 걸었다.

"아저씨! 이집트 미술, 어떤 거 같아요?"

알파는 슬쩍 사람들의 눈치를 살피더니 네네에게 속삭였다.

"쉿, 이 사람들……, 실력이 형편없네."

네네가 웃음을 간신히 참는데 알파는 계속 속삭였다.

"구도도 이상하고 크기도 안 맞아. 다 떠나서 그림이 그다지 아름다워 보이지도 않고."

"그건 이집트인들이 추구한 가치가 '아름다움'이 아니기 때문이에요. 이들은 '완전함'을 표현하기 위해서 이런 그림을 그렸거든요."

"마찬가지로 물고기는 옆에서 그려야 물고기라는 것을 완전히 알아볼 수 있고,"

"오리도 옆모습이 오리의 본질과 가장 가깝다고 생각한 거죠."

"연못은 위에서 내려본 걸 그려야 연못이라는 게 확실해지고요."

채도 네네의 말을 거들었다.

"내 눈앞에 보이는 사물을 그대로 그리는 게 아니에요. 고대 이집트의 화가들은 엄격한 규칙에 따라 정해진 방식대로 표현해야 했어요."

듣고 보니 알파도 이해할 수 있었다. 고대 이집트의 미술은 사실 그림보다는 지도와 비슷한 느낌이었다. 이집트의 미술가들은 스승으로부터 엄격하게 법칙을 배웠고, 상형 문자를 습득했을 것이다. 배운 것과 다르게 표현해서는 안 됐다. 아무도 그들에게 독창적인 것을 바라지 않았으니 말이다. 이집트의 예술은 작가의 기량을 뽐내는 자리가 아니라 종교적 완전함을 위한 수단이었다.

알파는 기능적이기만 한 그림에 답답해 하는 눈치였다.

그런데 아름다움이란 무엇일까? 아름다운 예술 작품에는 어떤 것이 있을까? 채는 막연하게 고대 그리스 시대의 작품들을 떠올려 보았다. 흐르는 듯한 옷과 힘찬 근육의 표현, 정확한 비율과 안정적인 구도를 말이다. 물론 고대 그리스의 작가들에게도 지켜야 할 엄격한 규칙은 있었을 것이다. 그러나 그들이 더욱 관심을 가진 것은 규칙이 아니라 '아름다움' 그 자체였다. 작가들은 표현할 대상을 자연스럽고 품위 있게 표현할 방식을 치열하게 고민했을 것이다.

그들은 여전히 피라미드를 꾸미는 데 여념이 없는 네페라와 신하들에게 간단하게 인사를 하고 밖으로 나왔다. 사막의 강렬한 햇빛이 머리 위로 쏟아졌다.

"알파가 생각한 예술적 아름다움은 고대 그리스로부터 시작되었다고 볼 수 있어요. 그리고 훗날 이 이집트 땅에도 그리스의 문화가 가득 퍼지게 되죠."

채는 알파에게 말했다.

"헬레니즘 말이지?"

알파는 그 정도는 알고 있다는 듯 어깨를 으쓱해 보였다.

라오콘과 아들이 죽어 가는 끔찍한 장면을 표현한 조각상이 있어. 어찌나 생생한지 마치 대리석 속에 사람이 살아 있는 것 같더라고.

"고통스러워하는 인물들의 표정, 괴로워서 한껏 뒤틀린 근육, 벗어날 수 없는 운명에 몸부림치는 격렬한 감정까지. 그러면서도 모든 것이 조화롭고 균형감이 있었어! 예술에 대해 잘 모르는 내가 봐도 정말 아름답다고 느낄 수밖에 없었어."

채는 라오콘 상을 떠올리며 말하는 알파를 조용히 바라보았다. 알파는 절실해 보였다. 마치 진짜 아름다운 작품이 그의 행성을 구하기라도 할 것처럼 말이다.

"그래서, 아저씨는 그 작품을 다시 보고 싶어요?"

네네가 묻자 알파는 먼 곳을 보며 천천히 고개를 끄덕였다.

"응……."

"플라톤 선생은 말했지. 아름다움은 감각 너머에 존재하는 이데아라고. 그런데 그 이데아가 정말로 존재할까? 그렇다면 나도 한번 찾아보고 싶어."

해가 지는 나일강의 수평선은 붉게 물들어 가고 있었다. 채의 눈에 저 멀리 주황빛으로 어른거리는 차원의 문이 보였다. 저 문을 지나면 알파가 원하는 작품을 볼 수 있을까?

네네는 시큰둥하게 말했다.

"그럼 보면 되죠, 뭐."

어느덧 그들이 탄 파피루스 배는 차원의 문을 향해 흘러가고 있었다.

아름다움이 대상이 되다

○ 소망이 담긴 예술품

문명이 생기기 이전부터 인류는 미적 활동을 해 왔어요. 지금으로부터 1만 5천 년 전인 구석기 시대에도 동굴 벽에 그림을 그리거나 조각한 작품이 남아 있기도 해요. 이러한 작품 속에는 현실적인 소망과 기원이 담겨 있었어요. 고대 이집트인들은 죽음 너머의 영원한 삶을 기원했고, 이러한 마음은 이집트의 벽화와 조각, 피라미드, 스핑크스 등의 작품에서 드러나지요.

○ 아름다움을 대상으로 하는 작품

우리가 일반적으로 '예술'이라고 하면 떠올리는, 아름다움을 대상으로 하는 작품은 고대 그리스에서 시작되었어요. 그리스인들은 원근법이나 수학적 비례를 사용하여 조화와 균형을 표현했지요. 물론 그리스인들의 작품에도 신화 속 존재들이 등장했지만 이전의 이집트 예술과는 달라요. 이집트인들이 예술을 종교를 위한 수단으로 활용했다면 그리스인들은 예술을 목적 그 자체에 두었기 때문이지요.

○ 헬레니즘 문화

알렉산드로스에 의해 건설된 대제국의 문화를 '헬레니즘'이라고 해요. 헬레니즘은 고대 그리스 문화에 뿌리를 두고 있지만, 동양과 서양이 혼합된 독특한 양식으로 발전했어요. 그리스 예술처럼 조화롭고 균형 있으면서도 동양적이고 유연했지요. 또 제국의 위엄에 걸맞게 강렬하고 극적인 효과도 드러났어요.
헬레니즘 문화는 알렉산드로스의 제국이 로마에 흡수되면서 로마의 미술로 이어졌어요.

☆ 고대 미술: 절대주의
그리스 미술 → 헬레니즘 → 로마 미술

마스터의 보고서

헬레니즘 문화

아름다움을 대상으로 하는 본격적인 예술은 고대 그리스에서 시작되었다고 볼 수 있다. 그리스 미술은 알렉산드로스 대왕의 대제국 건설을 계기로 한층 더 발전했다. 마케도니아의 왕이자, 철학자 아리스토텔레스의 제자이기도 했던 알렉산드로스는 스무 살이라는 어린 나이에 왕위에 올라, 그리스에서부터 페르시아와 인도에 이르기까지 거대한 제국을 건설했다. 그는 정복한 지역마다 도시를 세우고, 그리스의 학문과 예술을 적극적으로 전파했다. 이 과정에서 형성된 문화를 '헬레니즘'이라고 한다. 헬레니즘 문화는 그리스의 전통 위에 서양과 동양의 요소가 더해진 새로운 문화 양식으로 발전했다.

헬레니즘 시대의 미술은 이전보다 사실적이고 감정 표현이 풍부해졌다. 인간의 근육, 동작, 표정까지 섬세하게 묘사한 조각들이 등장했고, 노인, 어린이 등 다양한 인물과 신체까지도 아름다움의 대상이 되었다. 대표적인 작품으로 〈라오콘상〉이 있다. 이 조각은 트로이 전쟁에서 신의 뜻을 거스른 벌로 바다뱀에게 공격당하는 라오콘과 그의 아들들을 묘사한 작품으로, 극도의 고통과 두려움, 긴장감이 표현되어 있다. 근육의 긴장, 꼬인 자세, 얼굴의 찡그림 등은 인간의 감정을 강렬하게 전달한다. 또 다른 작품으로는 〈밀로의 비너스〉가 있다. 양팔이 사라진 채로 발견되었지만, 우아한 자세와 조화로운 비율에서 여신의 아름다움이 그대로 드러난다. 불교 미술에서도 헬레니즘의 영향을 찾을 수 있다. 간다라 지방에서는 그리스의 입체 조각 기법이 불상에 접목되어, 옷 주름과 얼굴 표현이 매우 사실적인 불상이 만들어졌다. 이처럼 헬레니즘 문화는 다양한 지역의 전통과 융합하면서, 인류 역사상 가장 활발하고 창조적인 문화 교류의 시대를 열어 주었다.

밀로의 비너스 헬레니즘 후기에서 고대 로마 초기에 제작된 것으로 추정된다.

간다라 불상 헬레니즘 예술과 인도의 불교 문화가 결합해 그리스 조각처럼 사실적인 부처상을 만들었다.

Break Time
피라미드를 통과하라

고대 이집트 미술을 공부하기 위해 피라미드를 찾아간 채 일행! 하지만 꼬불꼬불 복잡한 내부에서 길을 잃고 마는데……. 피라미드 속 미로를 찾아 통과해 줘!

중세 미술

신의 시대,
암흑의 시대

어둑어둑 해가 지고 있는 하늘 아래, 채 일행은 천천히 언덕을 올랐다. 알파가 보고 싶어 했던 라오콘상이 있던 곳, 로마의 에스퀼리노 언덕이라고 불리는 곳이었다.

언덕 위에 펼쳐진 포도밭에는 지저분하게 얽힌 포도 덩굴들과 아무렇게나 방치된 돌들이 흩어져 있었다. 네네는 흙속에 묻힌 돌덩이를 한 손으로 쓰윽 훑으며 말했다.

알파는 깜짝 놀라 되물었다. 그 위대한 작품이 이런 곳에 방치되었다는 게 믿기지 않았다.

"말도 안 돼. 라오콘상이 어떻게 이렇게……."

"로마 제국이 멸망하면서 예술품이 있던 장소들이 폐허가 되었기 때문이죠."

라오콘상을 직접 볼 수 없어 실망한 알파는 드넓은 포도밭을 허망하게 바라보았다. 지금은 넝쿨로 뒤덮여 있지만 이곳은 과거 로마 황제가 살던 궁전이었다.

황제가 거처하던 궁궐엔 라오콘상을 비롯한 수많은 고대 미술품들이 즐비했을 것이다.

그 당시 로마는 풍요로웠고 예술가들의 기량은 최고에 도달해 있었다. 예술가들은 밋밋한 대리석이 생명력을 가질 때까지 돌을 다듬고 또 다듬었다.

그리스에서 헬레니즘 왕국으로 그리고 다시 로마로, 이 땅의 주인은 여러 번 바뀌었지만 예술가들이 꿈꾸던 미술의 주인공은 언제나 인간이었다.

하지만 이내 이 모든 작품들은 찾아보기 어려워졌다. 기독교가 로마의 국교가 된 이후, 유럽 전체는 기독교 문화로 통일되었기 때문이다.

서로마 제국이 게르만족에 의해 무너지자 유럽은 길고 긴 중세 시대를 맞이한다. 많은 사람들이 암흑기라고 일컫는 바로 그 시대다.

전쟁과 침략이 이어졌고, 아름다운 예술품들은 환영받지 못했다.

"라오콘상이 땅속에 묻힌 건 오히려 행운 아닐까요? 중세 시대 사람들이 봤다면 이교도의 우상이라며 부숴 버렸을 테니까요. 아니면 교회나 성을 짓는 재료로 사용됐겠죠."

네네의 말에 알파도 이해가 된다는 듯 끄덕거렸다. 훗날, 라오콘상은 르네상스 시대에 어느 농부에 의해 발견되어 세상에 알려지게 된다.

중세가 끝나고 예술이 진정한 모습을 인정받는 시대에 발굴되었으니 다행이라는 생각도 들었다.

　나이 든 사제는 채와 알파, 네네를 조용히 살펴보더니 다가가 그들에게 말을 걸었다.
　"여러분들, 이 지역 분들이 아니시군요?"
　채는 수도자의 날카로운 눈빛에 가슴이 서늘해졌다.
　"아아, 네……. 저희는 이곳저곳을 떠도는 나그네들입니다."
　중세는 이방인에 대한 경계심이 강한 시대였다. 대부분의 사람들은 죽을 때까지 태어난 지역을 벗어나지 않아서 낯선 사람 자체가 드물었기 때문이다.

"아, 저길 보시죠!"

수도사는 좋은 생각이 났다는 듯 일행을 이끌고 성당 문 위쪽을 가리켰다. 그곳에는 한 남자가 주변의 다른 사람들에게 빵과 물고기를 나누어 주는 모습이 그려져 있었다. 아마 예수와 제자들을 표현한 것 같았다. 그림 속 인물들은 밋밋한 무표정이었고 동작이나 구도도 무척 단순했다.

수도사는 활짝 웃으며 말했다.

"어때요, 정말 쉽죠? 성경을 읽을 줄 몰라도 누구나 이해할 수 있게 그림으로 표현했지요. 성전 안에도 많은 그림들이 있답니다. 천천히 보시면서 주님을 느껴 보세요."

채 일행은 거의 등 떠밀리다시피 성당 안으로 들어갔다.

이미 해가 진 저녁 시간이라 그들은 작은 촛불에 의지하여 내부를 볼 수 있었다. 비록 어두워서 제대로 볼 수는 없었지만 이 성당이 로마네스크 양식으로 지어진 훌륭한 건축물이라는 것은 알 수 있었다.

로마네스크는 로마 스타일이란 뜻이다. 두툼하고 묵직한 기둥, 완만한 아치, 그리고 둥글게 돔 형태를 이루고 있는 천장은 외부로부터 종교를 지켜 내려는 튼튼한 요새처럼 느껴졌다.

2백 년 후엔 가늘고 높은 첨탑의 고딕 양식이 중세 최고의 유행이 될 테지만, 12세기까지는 로마네스크 양식이 유럽 건축의 대부분을 차지하고 있었다.

스테인드글라스는 없지만 성전 안 벽면에는
다양한 그림들이 붙어 있었다.

성모가 아기를 안고 있는 그림,
천사들과 성인들이 서 있는 그림,
예수가 병자들을 고쳐 주는 그림….

흐음~.

그런데 알파가 보기엔
그다지 멋진 그림처럼
보이지는 않았다.

명암도 없고, 원근감도
안 느껴지고, 등장인물의
표정이나 몸동작도
다 비슷하고…….

무엇보다
감정이 느껴지지
않는걸?

다행히 사제는 자비로운 웃음을 잃지 않고 있었다.

"괜찮습니다. 이 성당에서 멋진 그림은 필요하지 않거든요."

그는 촛불로 이곳저곳을 비추며 말했다.

"화가들은 자신의 실력을 뽐내려고 그림을 그리는 게 아니랍니다. 주님의 영광을 드러내기 위한 작업일 뿐이지요."

채와 네네는 고개를 끄덕이며 맞장구를 쳤다.

"빵 다섯 개와 물고기 두 마리로 기적을 일으키셨다! 이 내용만 정확하게 전달하면 그만이에요. 다른 어떤 것도 필요하지 않아요. 화가들이 해야 하는 일은 바로 그것뿐입니다!"

너그러워 보이던 사제는 알고 보니 엄격한 종교적 기준을 중요하게 여기는 사람이었던 모양이다.

여기서 더 대화가 이어지면 자칫 싸움이라도 생길 것 같아 채는 슬슬 자리를 정리하려고 했다.

드디어 알파도 상황 파악이 된 것 같았다. 이대로 여기에 더 머물렀다가는 목숨이 위험해질 수도 있었다.

"빵 잘 먹었습니다! 저희는 바빠서 이만. 하하하!"

그들은 뒤도 돌아보지 않고 쏜살같이 튀어 나갔다.

그들은 어두운 숲 안으로 쉬지 않고 도망쳤다. 부스럭 수풀을 헤치는 소리와 다급한 발소리, 멀리서 성난 마을 사람들이 외치는 소리가 까만 밤을 가득 채웠다. 방향이나 목적지를 생각할 틈도 없었다. 숨이 턱까지 차올랐고 당장이라도 넘어질 것 같았다. 그렇게 얼마나 달렸을까? 횃불을 든 무리와는 상당히 멀어졌지만 그렇다고 안심할 수도 없었다.

네네는 달리던 걸음을 멈추고 물기 어린 목소리로 외쳤다.

"함부로 말하지 말라고요. 기교가 없다고 해서 미술의 가치를 낮게 평가할 수는 없어요!"

"그건 나도 알아. 중세 미술에도 나름의 역사적 가치와 의도가 있을 거란걸."

그러나 알파는 여전히 무언가를 갈구하는 듯 중얼거렸다.

"그치만 아름다움의 본질에서 한 발 물러선 건 사실이잖아."

채는 알파의 얼굴을 바라보았다. 알파가 그렇게까지 찾고자 한 아름다움은 무엇이었을까? 그게 무엇이든 시대와 종교의 가르침에 무조건 순응하는 것은 아니었던 모양이다. 네네도 더 이상 따지지 않고 가쁜 숨을 몰아쉴 뿐이었다.

그들은 밤이 샐 때까지 조금도 쉬지 않고 걸었다.

산에서 내려올 때쯤엔 하늘이 푸르게 밝아 오고 있었다.

발길이 이끄는 대로 걷던 그들은 작은 예배당을 만났다. 온몸에 기운이 하나도 없었지만 어쩐지 사막에서 샘물을 만난 듯 새로운 생기가 느껴졌다.

한번 들어가 볼까?

누가 먼저랄 것도 없이 그들은 안으로 들어갔다.

특히, 십자가에서 숨을 거둔 예수의 시신을 내리며 사람들이 비통해 하는 그림은 중세 시대의 작품이라고는 믿기 어려웠다. 등장인물들은 저마다 다른 표정과 자세를 취하고 있었고 심지어 등을 돌리고 앉아 울고 있는 사람도 있었다.

중세 시대 그림은 누가 어떤 인물인지 정확하게 알려 주기 위해 대부분 정면만 그렸는데…….

이곳의 그림은 글자의 대체품이 아니야!

그제야 채의 눈에 예배당 구석에서 정신없이 그림을 그리고 있는 화가가 보였다.

"여기 있는 그림들은 꼭 고대 그리스 시대 작품 같은걸?"

조용한 예배당에 알파의 작은 목소리가 천상의 노래처럼 울려 퍼졌다.

"당신은 누구시죠?"

알파가 조심스럽게 그의 이름을 물었다.

"저는 화가, 조토 디 본도네라고 합니다."

화가가 다시 몸을 돌려 그림에 열중하자 그의 뒤로 빛나는 주황색 문이 드러났다.

어느덧 아침 해가 높이 떠올라 예배당 안을 환하게 비추었다. 프레스코화의 모든 색채가 제 색깔을 빛내는 아침. 길고 어두운 중세의 밤이 지나고 르네상스의 여명이 밝아오는 순간이었다.

신에게 종속된 예술

○ 교리 전달의 보조 수단이 된 예술

아름다움을 추구했던 그리스·로마 미술은 중세에 접어들어 자취를 감추었어요. 중세 초기에는 전쟁과 약탈이 반복되었고, 이러한 혼란 속에서 예술의 발전을 기대하기는 어려웠지요. 또한 기독교가 확장되면서 인간을 중심으로 한 그리스·로마의 문화 대신 검소하고 금욕적인 가치가 더 널리 퍼지게 되었어요. 이러한 상황에서 아름다움에 대한 생각은 사실상 뒤로 물러났다고 볼 수 있어요. 중세 초기 미술은 글을 모르는 사람들에게 교리를 전달하기 위한 보조 수단일 뿐이었지요. 이 시기의 작품들은 대부분 익명으로 제작되었고, 작가들도 신으로부터 받은 예술적 재능을 모두 신에게 돌려야 한다고 생각했답니다.

○ 로마네스크 양식 & 고딕 양식

중세 초기 미술에서 과거처럼 화려하고 아름다운 예술품을 찾아보기는 어렵지만 중세 후기에 이르러서는 대성당들이 많이 지어지면서 건축 양식이 발전하기도 했지요. 중세 시대의 건축 양식은 크게 로마네스크 양식과 고딕 양식으로 나눌 수 있어요.

	로마네스크 양식	고딕 양식
시기	11세기~12세기	13세기~14세기
분위기	단단하고 육중한 느낌	높고 섬세한 느낌
천장과 지붕	반원형 아치에 둥근 돔 형태 지붕	뾰족한 아치에 높은 첨탑
벽 두께	두껍고 작은 창	얇아진 벽과 넓은 창, 큰 창을 활용한 스테인드글라스
대표 건축물	이탈리아 피사 대성당	프랑스 노트르담 대성당, 한국 명동성당

★ 중세 미술 : 절대주의
초기 기독교 미술 → 로마네스크 → 고딕

마스터의 보고서

조토 디 본도네

르네상스 미술의 선구자 조토

조토 디 본도네는 중세의 마지막 화가이자 르네상스의 첫 문을 연 인물로 평가받는다. 조토는 1267년경 이탈리아 피렌체 근처의 마을에서 태어났다. 그는 어린 시절부터 미술에 뛰어난 재능을 보였다. 전해지는 이야기로는, 조토는 양을 치는 소년이었는데 하루는 바위에 양을 그리고 있었다. 이 모습을 지나가던 화가 치마부에가 보고는 그의 재능을 알아보고 데려갔다고 한다. 이후 그는 치마부에의 제자가 되었고, 곧 스승을 뛰어넘는 화가로 성장했다.

당시 미술은 주로 종교적인 내용을 다루었고, 사람이나 배경도 현실을 그리는 것과는 거리가 멀었다. 중세 시대의 그림은 상징을 표현하는 것에 가까웠다. 그러나 조토는 인간의 감정과 현실 세계를 생생하게 담아내려 했다. 그림 속 인물이 웃고 울며, 진짜 사람처럼 감정과 동작을 표현한 작품은 이전에는 보기 어려운 것이었다.

조토의 대표작 중 하나는 파도바에 있는 스크로베니 경당의 프레스코화이다. 이 그림들은 예수님의 생애와 성모 마리아의 이야기를 연속적인 장면으로 그린 것으로, 마치 한 편의 이야기책을 읽는 듯한 구성을 갖추고 있다. 특히 〈유다의 입맞춤〉에서는 예수님을 배신한 유다의 얼굴에서 분노와 불안이 느껴지고, 예수는 조용하지만 단호한 눈빛으로 유다를 마주하고 있다. 그림 속 인물들의 감정이 보는 사람들의 마음에도 깊은 인상을 남긴다.

또한, 조토는 인물의 감정뿐 아니라 공간과 입체감도 함께 표현하려 했다. 사람과 사물이 멀리 있으면 작게, 가까이 있으면 크게 그리는 방식은 후에 르네상스 미술에서 원근법으로 발전하게 되었다.

이처럼 조토의 그림은 중세 미술에서 르네상스 미술로 넘어가는 다리 역할을 했다.

유다의 입맞춤 겉으로는 우정의 행위처럼 보이지만 예수를 팔아넘기려 하는 배신의 순간을 그렸다.

Break Time
로마네스크 VS 고딕

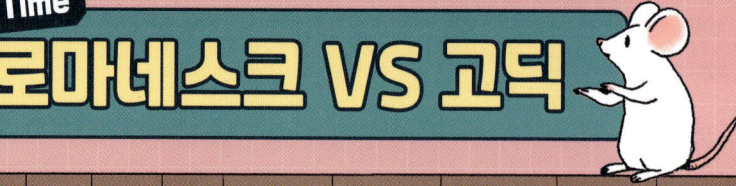

무겁고 단단한 느낌을 주는 로마네스크 양식은 낮고 두꺼운 벽, 둥근 아치, 작은 창이 특징이야. 고딕 양식은 높고 화려한 분위기와 얇은 벽, 뾰족한 첨탑, 큰 스테인드글라스 창이 특징이지. 다음 사진을 보고 로마네스크에는 '로', 고딕 양식에는 '고'라고 써 봐.

다시 활짝 피어나다

1580년경 피렌체

    산타 마리에 델 피오레 성당 앞 광장. 투명한 주황색 문이 열리자 두 남자와 소녀, 그리고 작은 쥐가 광장에 발을 디뎠다. 이 신비로운 모습을 본 사람은 다행히 주변에 아무도 없었다. 광장에 도착한 일행의 얼굴은 누가 보든 안 보든 상관없다는 듯 놀라움과 환희로 가득 차 있었다. 특히 붉은 머릿수건을 쓴 소녀 네네는 숨을 제대로 못 쉴 정도로 흥분 상태였다.

    "여, 여기가……, 피렌체?"

　훗날 다비드상은 아카데미아 미술관으로 옮겨졌지만, 처음 완성되었을 때는 이처럼 광장 한가운데에 있었다. 채나 알파도 미술관이 아닌 야외에서 다비드상을 보는 건 처음이었다.
　5.17미터나 되는 웅장한 작품을 야외에서 만나니 과연 느낌이 새로웠다.

아무튼 채와 알파는 아까부터 흥분한 네네가 쏟아 내는 말 때문에 귀가 다 따가울 정도였다.

유난 좀 그만 떨라고 다그치긴 했지만, 알파도 이전과는 확실히 다른 예술적 분위기를 느낄 수 있었다. 아름다운 건축과 조각상뿐 아니라, 광장과 장터를 지나는 사람들에게도 새 시대의 활기가 느껴졌다. 바야흐로 르네상스의 전성기였다.

르네상스는 '부활', '다시 태어남'이라는 뜻이다.

Renaissance

여기서 부활이란 바로 고대 문화의 부활을 뜻하는 말이었다.

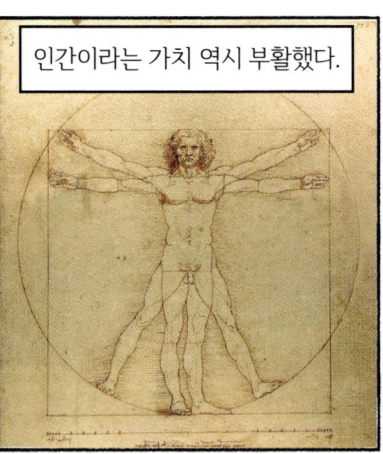

인간이라는 가치 역시 부활했다.

르네상스는 이탈리아에서 시작되어 전 유럽으로 확산되었다.

특히 이곳 피렌체는 르네상스가 처음 꽃핀 곳이었다.

지리적으로 지중해와 유럽 내륙을 연결해 주는 교역로였던 피렌체는 예부터 자연스럽게 무역과 금융업이 발달했다. 그러다 보니 부유한 상인 계층들이 생겨났고, 그들은 중세 시대 왕이나 영주를 대신할 만한 지배층이 되었다.

새로운 지배 계층이 관심을 가진 예술은 바로 고대 로마였다.

"아저씨, 저기 앉아 봐요! 그림 한 점 그려 줄 테니까."

네네는 알파를 광장 끝 쪽에 앉혀 놓고 그림 도구를 꺼냈다.

"에휴, 또 시작이네."

알파는 투덜거리면서도 순순히 광장 돌기둥에 앉았다. 네네는 연필을 깎더니 예전 채의 카페에서 알파를 처음 그렸던 그 순간처럼 진지하게 캔버스 위에 선을 긋기 시작했다.

 얼마나 시간이 지났을까? 화려한 옷을 입은 한 청년이 그림을 그리는 네네를 보고 조심스럽게 다가왔다. 청년은 네네의 그림을 흘긋 보더니 조금 놀란 표정을 지었다.

 그림 속에는 맨 앞에 있는 흰 쥐가 가장 크게 보였고, 그 뒤에 앉은 사내들이 차례로 작게 표현되어 있었기 때문이다.

 '흐음, 마사초의 기법을 흉내 낸 건가? 어려 보이는데 제법이군.'

청년은 빙그레 웃으며 한 발짝 더 네네에게 다가왔다.

결국 못 참고 그림을 보러 온 알파는 괜히 따져댔다.

"뭐야, 이게 다야? 그리다 만 거 아냐?"

네네의 그림에는 색칠이 되어 있지 않았다. 알파는 스케치가 마음에 들었기에 미완성처럼 보이는 그림이 못내 아쉬운 모양이었다.

"이대로 끝낼 생각은 아니지? 내 빛나는 푸른 머리카락은 색칠해 줘야 할 거 아니야."

하지만 네네는 모르는 소리 말라는 듯 한숨을 쉬었다.

"색칠은 무리예요."

그때였다. 그들 뒤에서 낯선 목소리가 들렸다.

"저런, 실력 있는 예술가가 돈 때문에 곤란을 겪고 있다니."

알파, 채, 네네가 소리 나는 쪽을 슬쩍 보니, 아까부터 그림 주변을 맴돌던 청년이 다가와 말을 걸고 있었다.

"혹시, 내가 후원을 해 줘도 될지?"

청년은 광장을 비추는 햇빛처럼 환하게 웃었다.

네네와 알파는 휘둥그레진 눈으로 서로를 마주 보았다.

"꺄악! 메디치 가문이라면……!"

네네의 비명 소리가 광장에 울려 퍼졌다.

알파는 못 믿겠다는 듯 그의 눈을 똑바로 보며 물었다.

"유럽에서 가장 강력한 금융 가문인 그 메디치 말이지요?"

네네가 속사포처럼 말을 이었다.

"어쩜 좋아. 메디치가면 피렌체 공화국의 실질적 통치자잖아요! 그리고 수많은 예술가들을 후원해서 르네상스 문화를 꽃피웠던 그 유명한 가문! 정말 메디치가 사람이세요?"

로렌초의 나이를 봐서 그가 피렌체의 정권을 잡기 전인 것 같았다. 그러나 가문을 이어받은 그의 안목은 역시 남달랐다. 처음 본 화가의 가능성을 발견하고 후원을 결심했으니 말이다.

로렌초는 알파의 푸른 머리를 보며 말했다.

"자네 머리 색은 말 그대로 울트라마린이군. 청금석을 곱게 빻아 만든 염료지. 성모 마리아의 망토에만 특별히 칠해지는 색이었으니 무명 화가는 구하기 어려울 걸세."

로렌초는 네네를 똑바로 바라보며 물었다.

"어떤가? 내가 울트라마린을 선물한다면, 이 멋진 작품을 완성할 수 있지 않겠는가?"

"아아, 그, 그게……."

로렌초 2세의 젊은 시절을 마주하는 것만으로도 네네는 들떠 제대로 대답도 할 수 없었다.

로렌초는 빙그레 웃으며 앞장을 섰다.

"도움이 필요하다면 따라오시게."

일행은 홀린 듯 로렌초 메디치의 뒤를 따랐다. 로렌초 메디치가 광장을 지나 골목골목을 다닐 때마다 피렌체 시민은 고개를 숙여 예를 갖추었다. 그는 인자하게 인사를 받으며 골목 끝에 있는 어느 대저택으로 들어갔다.

그런데 이곳을 집이라고 할 수 있을까?

차라리 르네상스 시대의 보물창고나 박물관이라고 부르는 게 나을 것 같았다.

반디넬리의 작품인 '오르페우스'.

고촐리의 '동방박사의 행렬'.

르네상스를 대표하는 천재 작가들의 그림과 고대 그리스 시대의 작품을 볼 때마다 일행의 가슴은 두근거렸다.

복도를 지나 어느 방으로 들어가자 하인이 다가왔다.

"오셨습니까, 주인님. 이전에 의뢰하신 작품도 조금 전에 도착했습니다."

큰 천으로 싸인 거대한 액자가 방 안에 놓여져 있었다. 로렌초는 오래 기다린 선물을 받은 것처럼 반가워했다.

"오오, 드디어 보티첼리가 그림을 완성한 모양이군!"

그는 일행에게 눈을 찡긋하며 말했다.

"우리 조카가 곧 결혼하거든. 선물로 미리 그림을 주문해 놓았지. 피렌체에서 가장 주목받는 젊은 화가, 보티첼리에게 말이야."

그가 천을 걷자 아름다운 그림이 드러났다.

비너스의 탄생, 아름다움의 여신 아프로디테가 태어난 순간의 모습을 그린 작품이었다.

바다 거품에서 태어난 아프로디테는 조개를 타고 육지에 도달한다.

그녀가 도착하자마자 서풍의 신 제피로스와 꽃의 여신 플로라가 바람을 불어 주고,

계절의 여신 호라이는 옷을 입혀 줄 준비를 했다.

이제 막 완성된 따끈따끈한 명작은 너무나도 매혹적이었다. 아프로디테의 창백한 피부와 바람을 머금은 머리카락의 흔들림이 생생하게 느껴졌고 바다와 숲의 공기가 물감 냄새와 함께 어른거리는 것 같았다.

적막을 깨고 로렌초가 입을 열었다.

"다들 이 그림이 어떤지 한마디씩 해 줄 수 있겠나?"

그들의 말을 모두 들은 로렌초는 조용히 끄덕였다. 그 역시 아름다운 그림을 한참을 바라보더니 만족스럽다는 듯 미소를 지었다.

"고맙네. 듣다 보니 나도 더욱 실감이 나는 것 같군. 우리가 지금 완전히 새로운 시대에 살고 있다는 것을."

"우리 가문이 어떻게 자리를 잡았는지 다들 알고 있겠지.

중세 시대 사람들은 돈을 멀리했지만, 우리 가문은 금융업으로 막대한 부를 쌓았지.

우리 할아버지는 그렇게 얻은 이익을 예술과 학문을 후원하는 데 투자했어."

 "자네도 노력하다 보면 이런 그림을 그릴 수 있을 거야. 어쩌면 레오나르도 다 빈치나 미켈란젤로 같은 작가들을 따라잡을 지도 모르지."

 로렌초는 신인 화가를 다정하게 격려했지만 네네는 펄쩍 뛰며 손사래를 쳤다.

 "에이, 그건 아니죠! 그 분들은 하늘이 내린 천재인 걸요? 제가 따라잡는 건 무리예요!"

로렌초의 말이 끝나기가 무섭게 알파가 되물었다.

"피렌체에 없다고요? 그럼 레오나르도 다 빈치와 미켈란젤로는 지금 어디에 있는데요?"

로렌초는 몰랐냐는 듯 눈을 동그랗게 뜨고 대답했다.

"다 빈치는 밀라노, 미켈란젤로는 로마에 있지 않는가. 뭐, 가끔씩 나와 안부는 주고받는다네. 얼마 전에는 조수를 구한다는 얘기도 했었지."

그때 하인이 비단 천에 소중하게 포장된 밀폐 용기를 들고 나왔다. 그 안에는 왁스로 봉인되어 공기 접촉을 최소화 한 울트라마린 염료가 들어 있었다.

"피렌체의 로렌초 데 메디치가 최고의 울트라마린을 후원하니, 부디 아름다운 그림을 완성하……. 응?"

로렌초는 말을 멈추고 두리번거렸다. 순식간에 일어난 일이었다. 아무리 눈을 씻고 찾아봐도 조금 전까지 그의 앞에 서 있던 세 사람과 한 마리의 쥐를 찾을 수 없었다.

"어, 어디 간 거야?"

아주 잠깐, 반짝이는 주황색 빛을 본 것도 같았다.

젊은 로렌초 데 메디치는 염료를 들고 고개를 갸웃할 뿐이었다.

부활과 재생

르네상스는 중세의 신 중심 세계관에 대한 저항으로 시작되었어요. 중세 시대 지배자인 왕과 영주들은 신으로부터 권력을 받았다고 주장했어요. 이에 대립하여 새로운 지배 계급으로 성장한 부르주아에겐 신을 대체할 가치가 필요했어요. 그리고 그들은 인간의 이성에서 그 가능성을 찾았지요.

○ 르네상스

인간적 가치가 필요했던 부르주아들은 고대 사회로 관심을 돌렸어요. 이렇게 고대 문화를 다시 탐색하는 분위기가 만들어졌어요. 이것을 '르네상스'라고 해요. 르네상스는 14세기부터 일어난 문예 부흥 운동으로 전 유럽으로 확산되었어요.

○ 르네상스 초기

르네상스 초기의 화가들은 현실적이고 객관적인 인체를 묘사하려고 노력했고, 정확한 그림을 그리려고 애썼어요. 그림의 소재는 고대 신화에서 따온 경우가 많았지요. 대표작으로는 보티첼리의 〈비너스의 탄생〉이 있어요.

마스터의 보고서

메디치가 이야기

메디치가 문양 방패 위에 올려진 알약 여섯 개가 특징이다.

르네상스의 본고장인 피렌체가 문화와 예술의 꽃을 피울수 있었던 데에는 메디치 가문의 역할이 컸다. 메디치가는 원래 약초와 염료를 다루는 상인이었지만, 금융업으로 크게 성공하면서 피렌체에서 가장 영향력 있는 가문으로 성장했다.

은행업으로 얻은 막대한 부를 바탕으로, 그들은 도시 정치에도 관여하게 되었고, 코시모 데 메디치에 이르러서는 사실상 피렌체를 이끄는 실권자가 되었다. 하지만 메디치가는 단순히 부와 권력만을 추구하지 않았다. 그들은 예술과 학문을 아끼고 사랑한 후원자였다.

코시모 데 메디치는 고대 그리스와 로마의 고전을 수집하고, 학자들이 연구에 전념할 수 있도록 도왔다. 그의 손자이자 후계자인 로렌초 데 메디치는 '위대한 로렌초'라고 불릴 만큼 수많은 예술가와 철학자를 후원했다.

메디치가의 후원을 받은 대표적인 예술가로는 미켈란젤로, 보티첼리, 부르넬리스키 등이 있다. 보티첼리는 로렌초의 궁전에서 그림을 그렸고, 미켈란젤로는 어릴 적부터 로렌초의 저택에서 자라며 조각 수업을 받았다. 부르넬리스키는 피렌체 대성당의 돔을 설계하면서, 메디치가의 지원을 받아 당대 최고의 건축가가 되었다. 메디치가는 또 다른 르네상스의 중심지였던 플라톤 아카데미를 지원하여 철학의 발전에도 기여했다. 이처럼 피렌체에서 예술과 학문이 자유롭게 꽃필 수 있었던 것은, 메디치가의 깊은 관심과 끊임없는 후원이 있었기 때문이다. 메디치가는 수많은 예술가들에게 기회를 주었고, 오늘날 우리가 감탄하는 르네상스의 명작들이 태어나는 데 결정적인 역할을 했다.

우피치 미술관 본래 메디치가의 행정 청사 건물로 그들이 수집한 수많은 예술 작품들이 전시되면서 오늘날 르네상스 미술의 중심지로 자리 잡았다.

Break Time
마스터의 탄생

보티첼리의 명화 〈비너스의 탄생〉 속 주인공이 마스터로 바뀌었네? 두 그림을 자세히 관찰하고, 다른 부분 일곱 군데를 찾아봐.

르네상스의 천재들

이탈리아 북부 밀라노 공국.

웅장한 성채와 건물들이 우뚝 서 있는 도시엔 알프스 산맥에서 내려온 서늘한 안개가 자욱했다. 안개는 마치 다 빈치의 그림처럼 보이는 모든 것에 은은한 명암을 만들어 주었다.

힘의 질서 속에 모든 것이 깔끔하게 정돈된 이 지역에서 유일하게 복잡하고 자유로운 곳이 있다면 바로 레오나르도 다 빈치의 작업실이었을 것이다. 완성되지 않은 수십 개의 캔버스, 날지 못한 기계의 날개, 그리고 인체 해부도가 널려 있는 어지러운 공간에 차원의 문이 조용히 열렸다.

문을 열고 나온 것은 채와 네네였다.

 다 빈치는 작업실 한구석에서 톱밥을 잔뜩 뒤집어쓴 모습으로 슬며시 뒤를 돌아보았다. 초상화에서 보았던 백발 노인의 얼굴 그대로였다.

 잔뜩 얼어 있는 네네와 채를 발견한 다 빈치는 아무렇지도 않다는 듯 물었다.

 "뭐지, 조수들이 벌써 온 건가?"

엉뚱한 사람들이 작업실에 들어왔다고 불호령이 떨어질 줄 알았는데, 네네의 얼굴이 환하게 밝아졌다.

"네! 저희는 선생님께서 조수를 구하신다는 소식을 듣고 멀리 피렌체에서 한걸음에 달려온 화가들입니다. 미술에 관한 모든 일이라면 저희에게 맡겨 주십시오."

떨리는 목소리로 힘차게 인사한 네네는 멀뚱멀뚱 서 있는 채를 팔꿈치로 쿡 찍었다.

"네네! 마, 맡겨만 주십시오."

채도 일단 큰소리부터 쳐 보았다.

네네와 채는 열심히 작업실을 정리하기 시작했다. 지저분하게 널브러져 있는 붓을 주워 세척하고, 흩어진 스케치 조각들을 모아 한 곳에 차곡차곡 쌓아 두었다.

바닥에 굴러다니던 종이를 줍던 채의 눈이 커졌다.

〈앙기아리 전투〉는 피렌체 베키오궁의 대회의장 벽을 장식할 용도로 그린 그림이라고 알려져 있다. 그림 자체로도 가치 있지만 유명세를 탄 또 다른 이유가 있었다.

반대편 벽에 미켈란젤로가 〈카시나 전투〉를 그렸기 때문이었다. 당시의 정치인들이 르네상스를 대표하는 두 라이벌에게 한 공간에 그림을 그려 달라고 의뢰했던 것이다.

다 빈치는 생각할수록 웃기다는 얼굴로 낄낄거렸다.

"하여튼, 미켈란젤로 그 인간은 그림이 문제가 아니라 성격이 문제라니까."

머리를 절레절레 흔들던 다 빈치는 휘청거리며 또 다른 작업을 하러 걸어갔다.

"그 고약한 성질머리부터 고쳐야 돼."

채는 결국 완성되지 못한 두 그림을 떠올렸다. 정치인들은 두 거장에게 그림을 의뢰하여 경쟁을 붙였지만, 프랑스의 침공으로 피렌체가 흔들리며 프로젝트는 중단되었다. 그렇게 모두의 기대를 얻은 작품들은 아이디어 스케치로만 남게 되었다.

"이 그림이 유명하냐고요? 그걸 말이라고 하세요? 이 그림은 르네상스 최고의 걸작이라고요!"

네네는 잔뜩 기대하는 다 빈치에게 또박또박 말해 주었다.

"잘 보세요, 선생님. 이 시대에도 원근법을 구사하는 화가는 있었지만 공기마저 그림에 녹이는 화가는 찾기 어려워요. 이 은은한 경계를 보세요. 너무 신비롭지 않나요?"

채도 한 마디 거들었다.

"어느 방향에서도 그림 속 부인이 날 바라보는 것 같고, 알 듯 말 듯한 이 미소는 장난스럽게 느껴져요."

다 빈치는 꽤나 기분이 좋아진 것 같았다.

"그렇게 말해 주니 고맙군. 좋아! 내 남은 생애에 이런 작품을 하나라도 더 남겨야겠어."

그는 산만한 아이 같았다. 연필로 선을 슥슥 긋는가 싶더니 갑자기 벌떡 일어나 나무를 깎아 장난감을 만들기 시작했다. 재미있는 아이디어라는 것은 결국 태엽을 감아 새가 날갯짓 하는 것을 흉내 낸 장난감이었다.

"어렵군, 어려워. 새가 하늘을 나는 원리는 단순하지 않네."

중얼거리던 그는 미완성의 장난감을 내려놓고 또 다른 곳으로 걸어갔다.

한편, 알파가 도착한 곳은 로마의 바티칸이었다.

시스티나 예배당 안에 작은 주황색 문이 열리고 알파와 마스터가 실내에 발을 디뎠다. 미완성인 프레스코화로 가득한 공간, 이곳에서 한 사나이가 아주 불편한 자세로 천장에 붓질을 하고 있었다.

"콜록콜록."

예배당 안은 먼지와 페인트 냄새가 가득했다. 알파는 숨이 턱 막혀 자기도 모르게 마른기침을 내뱉었다.

　알파는 화들짝 놀라 가까운 곳에 놓인 붓을 잡았다. 칠해야 할 색은 미켈란젤로가 미리 여러 염료를 조합하여 만들어 준 푸른색이었다. 그것으로 벽화의 빈 공간을 메워야 했는데 색이 조금이라도 두꺼워지거나 다른 느낌이 나면 미켈란젤로의 불호령이 떨어지곤 했다.

교황은 이 놀라운 그림을 보며 미켈란젤로를 처음 알게 된 때를 떠올렸다. 20대 초반의 젊은 조각가가 만들었다는 피에타. 그 작품을 처음 본 순간 교황은 다리에 힘을 풀려 무릎을 꿇고 말았다. 피에타는 십자가에서 숨을 거둔 아들을 품에 안은 예수의 어머니, 마리아를 표현한 조각이었다. 격조 높은 슬픔과 분명한 아름다움. 그토록 직접 보길 염원했던 예수와 성모 마리아가 그의 눈앞에 생생하고 거룩한 모습을 드러내다니……. 작품은 그를 순식간에 천국으로 이끌어 주는 것 같았다.

 그렇다. 미켈란젤로는 그런 작가였다. 재능과 노력이 넘쳐나지만 그만큼 오만한 작가. 교황을 하늘로 이끌기도 하고 땅으로 떨어뜨리기도 하는 압도적인 천재. 교황은 그의 성격과 태도는 미웠지만 재능만큼은 사랑할 수밖에 없었다.
 그래서 시스티나 예배당의 벽화라는 중요한 작업을 미켈란젤로에게 맡긴 것이었다.

 가뜩이나 힘든 자세로 일하느라 안 아픈 곳이 없는 미켈란젤로였다. 게다가 조금 전 페인트까지 들어가 눈이 타들어 갈 것 같은 데다가 제대로 보이는 것도 없었다. 이제 더 이상 자기 앞에 있는 사람이 교황인지 아닌지조차 중요하지 않았다. 미켈란젤로는 성난 사자처럼 눈을 부라리며 소리를 질렀다.

 "언제 끝날지는 나도 모르겠소! 조각하는 사람을 불러다가 억지로 일 시키는 것도 모자라 지금 독촉까지 하는 겁니까?"

"으아아악!"

화가 난 미켈란젤로는 바닥에 붓을 집어던졌다. 성스러운 시스티나 예배당 바닥에 미켈란젤로가 섞어 만든 아름다운 색채가 둔탁한 소리와 함께 튀었다.

 하지만 이번에도 다 빈치의 그림 그리는 시간은 오래가지 못했다. 조금 집중하는가 싶더니 또다시 슬그머니 노트를 꺼내 화산의 원리에 대해 적기 시작했다.
 "이봐, 조수. 거기 스케치 종이 중에서 자궁 속 태아가 성장하는 모습을 그린 게 있을 거야. 좀 찾아봐 주겠나?"
 화산에 대한 관심이 금세 식었는지 이번엔 생물학 공부였다. 레오나르도 다 빈치에게 미술을 배우고 싶었던 네네는 실망이 이만저만이 아니었다.

다 빈치는 혀로 쯧 소리를 내더니 싸늘한 말투로 말했다.

"안 되겠군. 자네들은 내 조수를 할 만한 사람들이 아닌 것 같아. 미안하지만 더 이상 자네들이 필요없으니 이만 나가 주게. 당장!"

채는 날벼락 같은 해고가 황당하고 어이없었지만 차가운 다 빈치의 눈빛을 보니 더 이상 이곳에 남아 있을 수 없다는 걸 확신할 수 있었다. 그렇게 채와 네네는 작업실에서 쫓겨나 안개가 자욱한 밀라노 거리로 나아갔다.

어쩔 수 없는 일이었다. 이 벽화는 미켈란젤로가 아니면 그 누구도 그릴 수 없었기 때문이다. 교황은 끓어넘치는 화를 최대한 삭이며 점잖게 이 일을 해결해야만 했다.

"그, 그럼 다녀오겠습니다."

알파가 예배당을 나서려는데 교황이 다시 그를 불렀다.

　실제로 레오나르도 다 빈치가 남긴 완성작의 수는 고작 스무 점 정도. 다른 화가들에 비하면 놀라울 만큼 적은 양이었다. 그는 기존 기법에 만족하지 못했고, 새로운 기술에 집착했다. 게다가 미술 외에도 관심사가 너무 많았다. 기계 설계, 해부학, 물리학, 천문학까지 동시에 탐구하다 보니 집중이 어려웠을 것이다.

수도원 벽에 그려진 아름다운 그림 때문이었다.

북적북적한 식사 시간에 무심하게 배경 역할을 해 준 작품은 바로 레오나르도 다 빈치의 역작, 〈최후의 만찬〉.

예수가 마지막으로 제자들과 음식을 나누어 먹는 장면을 그린 그림이었다. 그곳에서 예수는 제자들 중 한 명이 자신을 배신할 것이라고 말한다. 그림 속 예수의 얼굴은 고요하면서도 슬퍼 보인다. 화가는 모든 인물의 감정을 하나하나 놓치지 않고 담았다.

일렬로 앉은 구도는 자칫 잘못하면 단조롭고 밋밋해 보일 수도 있었다. 그러나 둘씩, 셋씩 모인 제자들은 다양한 동작을 취해 활동적인 느낌을 주었고 원근법을 사용한 공간에도 깊이감이 느껴졌다. 은은한 빛과 그림자의 어우러짐은 신과 인간의 관계처럼 묵직하고 다정하게 다가왔다. 훗날 이 벽화는 물감이 부식되며 빠르게 훼손되었지만 채와 네네가 보고 있는 벽화는 따뜻하고 산뜻한 원본 색감 그대로의 그림이었다.

"채사장님, 레오나르도 다 빈치는 왜 매번 그림을 끝까지 완성하지 못했을까요?"

한참 동안의 침묵을 깨고 네네가 물었다.

"작품의 완성을 후대 사람들에게 돌린 건 아니었을까요? 그는 그저 창조하는 것을 즐겼는지도 모르죠."

채는 미소를 지으며 말했다. 채의 목소리가 신호라도 되는 듯 주황색 차원의 문이 따뜻한 빛을 내며 그들 앞에 나타났다.

　브라만테는 조각가인 미켈란젤로가 그림에는 약할 것이라고 예상하고 망신을 줄 계획이었다. 미켈란젤로도 천장화 작업은 하고 싶지 않았지만 교황의 명령은 거역하기 어려웠다. 결국, 4년 동안 거꾸로 매달려 천장화를 그리는 동안 시력은 나빠지고 허리 통증에 시달려 남은 생을 고통스럽게 보내야 했다. 하지만 미켈란젤로는 보란 듯이 작품을 완성하여 조각뿐 아니라 회화에서도 최고라는 것을 증명한다.

알파는 미켈란젤로가 아무렇게나 던져 놓은 식탁 위 봉투에서 한 글귀를 발견했다.

'위대한 조각가 미켈란젤로 앞'

누군가가 미켈란젤로를 향해 보낸 찬사의 글귀였다. 미켈란젤로는 남은 술을 털어놓고는 중얼거렸다.

미켈란젤로는 비틀거리며 일어난다.

"그럼 난 다시 작업하러 가 봐야겠군. 자네는 오늘 조수로서 첫 날인데 고생 많았네. 이만 들어가서 쉬게."

멀어지는 미켈란젤로를 보며 알파도 피식 하고 웃었다.

미켈란젤로 부오나로티. 그는 고용된 화가였지만 그 누구의 종도 아니었다. 조각가도, 화가도 아니었다. 그를 움직이게 하는 것은 권력자의 명령이 아니라 예술 그 자체였기 때문이다.

마스터는 대답 대신 긴 꼬리로 어딘가를 가리켰다. 북적이는 로마 거리 가운데에 투명하게 열린 차원의 문이 보였다. 그 안에서 채와 네네가 손짓하고 있었다.

다 빈치와 미켈란젤로

○ 르네상스 전성기

전성기의 르네상스 시기엔 많은 천재들이 등장했어요. 이 시기에 활동한 화가들은 규칙을 통해 정확한 그림을 그리려고 했어요. 동시에 조화와 균형을 중요하게 생각했지요. 이 시대의 예술가들은 이상적인 아름다움을 목표로 작품을 만들었다고 볼 수 있어요.

○ 레오나르도 다 빈치

대표 화가인 레오나르도 다 빈치는 전형적인 천재의 모습을 보여 주는 독특한 인물이에요. 화가이자 조각가, 건축가, 기술자이기도 했지요. 레오나르도 다 빈치는 여러 차례 시신을 해부한 것으로 유명해요. 이로 인해 인간의 골격과 근육의 움직임을 정확히 이해하고 표현할 수 있었지요. 또한 공기 원근법 이론을 정립한 화가이기도 해요. 가까이 있는 물체는 선명하게 보이지만 멀리 있는 물체는 희미하게 보이지요? 그의 작품 〈모나리자〉는 이러한 공기 원근법을 이용해 은은한 깊이를 표현한 걸작이에요.

다른 대표작으로는 〈동방박사의 경배〉, 〈최후의 만찬〉 등이 있어요.

○ 미켈란젤로 부오나로티

또 다른 천재 미켈란젤로는 레오나르도 다 빈치와 경쟁 관계였어요. 그는 〈피에타〉를 통해 거장의 반열에 올랐어요. 큰 슬픔에 빠져 있지만 절제된 마리아의 표정에서 경건한 감동을 느낄 수 있는 작품이지요. 미켈란젤로는 조각가였지만 교회의 명령에 따라 〈시스티나 천장화〉와 〈최후의 심판〉 같은 회화를 그리기도 했지요.

그림도 조각처럼 인물의 신체를 강조했지.

르네상스 미술은 완벽함과 조화를 추구하고 보편적인 아름다움을 향해 갔다는 점에서 '절대주의'라고 볼 수 있어요.

★ 르네상스 미술 : 절대주의

마스터의 보고서

르네상스 시대의 화가들

마사초 (1401~1428)

마사초는 르네상스 회화의 시작을 알린 화가로 알려져 있다. 1401년, 이탈리아 토스카나 지방에서 태어난 그는 중세 미술의 평면적인 표현에서 벗어나 원근법과 명암법을 처음으로 그림에 적용한 인물로, 짧은 생애에도 불구하고 미켈란젤로와 라파엘로에게 큰 영향을 주었다. 그의 대표작인 〈성 삼위일체〉는 가장 완벽한 원근법이 적용된 작품으로 손꼽힌다.

마사초의 대표작 〈성 삼위일체〉

라파엘로 (1483~1520)

1483년 이탈리아 우르비노에서 태어난 라파엘로는 아버지도 화가였던 덕분에 어릴 때부터 미술에 익숙했다. 젊은 나이에 로마로 가서 교황의 궁전 작업을 맡았는데 그의 그림은 부드럽고 따뜻하며, 균형 잡힌 구도로 많은 사람들의 사랑을 받았다. 조화와 아름다움의 천재로 불리던 라파엘로가 37세의 나이에 갑자기 세상을 떠나자 많은 사람들이 그의 죽음을 안타까워했다.

라파엘로의 대표작 〈아테네 학당〉

티치아노 (1488/90~1576)

티치아노는 젊은 시절부터 베네치아에서 활동하며 색을 자유자재로 다루는 능력을 인정받았다. 황제, 교황, 귀족들이 그에게 그림을 주문했고, 덕분에 최고의 명성과 부를 누릴 수 있었다. 티치아노의 대표작 〈우르비노의 비너스〉는 조용히 누워 있는 젊은 여인의 모습을 담은 그림으로 감각적인 아름다움과 현실감이 조화를 이룬다.

티치아노의 대표작 〈우르비노의 비너스〉

Break Time
가로세로 낱말풀이

예술의 역사를 열심히 공부한 친구들, 모두 수고했어! 가로세로 낱말풀이를 통해 우리가 배운 내용들을 확인해 보자!

 가로

① 마케도니아의 왕. 대제국을 세워 헬레니즘 문화를 이룩했다.
② 이탈리아 피렌체를 다스린 가문으로, 르네상스 시대의 예술가를 후원하였다.
③ 중세 후기 건축 양식. 스테인글라스와 높이 치솟은 뾰족한 탑 등이 특징이다.
④ 돌을 쌓아 만든 거대한 건축물로 이집트 파라오의 무덤이다.
⑤ 다 빈치가 말년에 머물며 작품 활동을 한 이탈리아 북부 도시.
⑥ 트로이 전쟁 이야기에 나오는 장면을 조각으로 표현한 헬레니즘 예술의 걸작이다.
⑦ 이탈리아 중부 도시로, 15세기 르네상스 문화의 발상지이자 중심지 역할을 했다. 메디치 가문이 다스렸다.
⑧ 레오나르도 다 빈치가 그린 르네상스 회화의 대표작으로, 신비로운 미소와 공기 원근법으로 유명하다.

 세로

㉠ 미술사의 절대주의로 대표되는 예술 사조로, 이성을 통해 그림을 그리는 화풍.
㉡ 이탈리아 르네상스 시기의 화가로, 대표작은 <아테네 학당>이다.
㉢ 색색의 유리를 이어 붙여 만든 화려한 창문 장식이다.
㉣ 16세기 베네치아를 대표하는 르네상스 화가로, 풍부한 색감과 생동감 있는 인물 표현으로 유명하다. 대표작은 <우르비노의 비너스>.
㉤ 이탈리아어로 '큰 성당'을 뜻하며, 피렌체의 산타 마리아 델 피오레 대성당을 가리킬 때 자주 쓰인다.
㉥ 죽은 예수를 무릎에 안고 슬퍼하는 성모 마리아를 묘사한 조각이나 그림의 주제. 미켈란젤로의 성베드로 대성당의 이 조각상이 가장 유명하다.

에필로그

새로운 시대가 온다

유럽 어느 도시의 대저택. 벽에는 화려하게 꾸며진 액자와 함께 아름다운 미술 작품들이 빼곡하게 걸려 있었어. 그럴싸하게 갖춰 입은 알파 일행은 천천히 그림들을 바라보고 있었지. 아름다운 색감과 형태를 띠고 있었지만 더 이상 새로운 느낌은 없었어.

알파는 지금까지 배워 온 미술의 역사가 떠오르기라도 하는 듯 중얼거렸지.

"예술이란 말이야……, 시대의 흐름과 함께 발전했어."

채도 웃으며 말했어.

"르네상스의 거장들이 후대 예술가들에게 부담이 된 것은 맞아요. 하지만 한계를 깨려는 도전은 계속될 거예요."

그 순간, 둔탁한 대포 소리와 함께 창문 너머에서 연기가 피어올랐어. 요즘 유럽 대륙에서는 하루가 멀다하고 시끄러운 일들이 벌어지고 있었지.

여러분 안녕하세요? 채사장입니다.
알파와 채, 그리고 네네와 함께 떠난 예술사 여행 즐거웠나요? 이제 최종 정리를 통해 배운 것을 복습해 볼게요.

다양한 예술 분야 중에서 미술은 공간의 형식을 따르는 예술이에요.
미술을 바라보는 입장은 다양하지만 크게 '고전주의', '낭만주의', 그리고 '현대 미술'로 나눌 수 있어요. 고전주의는 절대주의, 낭만주의는 상대주의, 현대 미술은 회의주의에 해당하지요.

미술사 구분	철학적 입장	핵심 가치
고전주의	절대주의	이성, 질서, 조화, 균형, 비례
낭만주의	상대주의	감성, 개성, 상상력, 주관성
현대 미술	회의주의	기존 질서 비판, 새로움 추구

본격적으로 아름다움을 대상으로 하는 미술은 고대 그리스에서 시작되었어요. 그리스 미술은 헬레니즘 문화를 거쳐 로마 미술로 연결되었지요.
중세 시대의 미술은 고대 미술과는 달랐어요. 예술의 가치는 떨어졌고, 종교에 종속되는 모습을 보였어요. 중세의 신 중심 세계관에 대항하여 일어난 문예부흥운동을 '르네상스'라고 해요. 르네상스 시기엔 많은 천재들이 등장하여 이상적인 아름다움을 추구했어요.

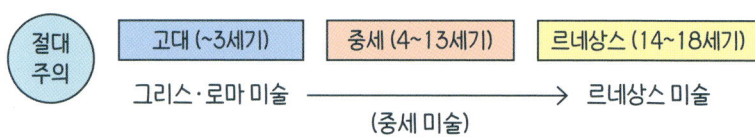

> 생각하고 토론하기

예술은 과학, 철학, 종교처럼 논리적이진 않지만, 사람들의 마음에 깊은 울림을 주고 진리를 향해 이끌기도 해요. 여러분이 생각하는 예술은 어떤 모습인가요? 시대에 따라 달라지는 예술을 살펴보며, 여러분의 생각을 정리해 보아요.

① 고대 이집트와 중세 시대의 미술은 이상적인 신과 인간을 표현했지만, 고대 그리스와 르네상스 시대에는 개인의 아름다움과 감정, 현실을 더 중요하게 여겼어요. 여러분은 어떤 시대의 시선이 더 마음에 드나요? 그 이유는 무엇인가요?

② 미켈란젤로는 교황의 명령으로 그림을 그렸어요. 많은 화가들이 권력자를 위해서, 혹은 돈을 벌기 위해 작품 활동을 하기도 해요. 오늘날의 광고나 정치에도 예술이 사용되고 있어요. 미술은 시대의 진실을 담는 역할을 하는데, 권력의 도구가 되어도 괜찮을까요?

③ 이야기 속에서 알파는 고대 이집트의 미술이나 중세 시대의 미술이 아름답지 않다고 불만을 토로했어요. 예술은 반드시 아름다워야 하는 걸까요? 아름답지 않다면 예술이라고 할 수 없을까요?

르네상스 이후, 세계는 빠르게 바뀌면서 새로운 가치와 문화를 추구하게 돼요. 그 과정에서 예술가들의 고민도 깊어지지요. 15권에서는 근대와 현대를 이끈 매력적인 작가들을 만나 볼 거예요.

정답

42p
Break Time
비슷한 그림 찾기
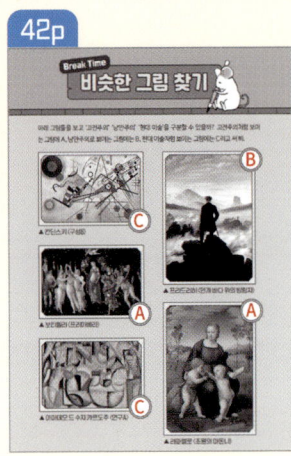

70p
Break Time
피라미드를 통과하라
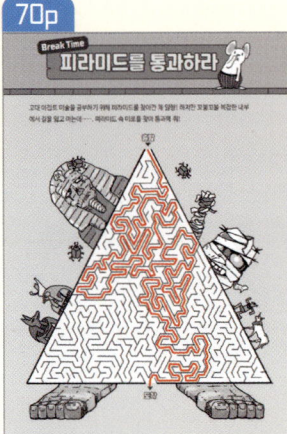

98p
Break Time
로마네스크 VS 고딕
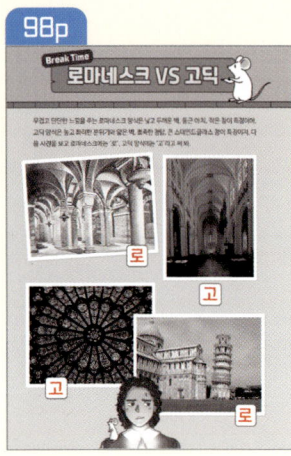

126p
Break Time
마스터의 탄생

160p
Break Time
가로세로 낱말풀이
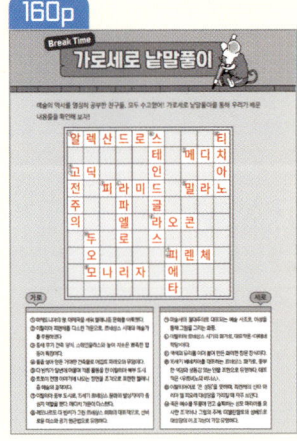

근현대 시대의 매력적인 작가와 작품을 만나러 가요!

명화 메모리 카드 게임 설명서

고대부터 르네상스 화가들, 그리고 미리 만나는 인상주의 화가들까지!
명화를 기억하고 짝을 맞춰 보세요!

구성품 명화 카드 24장 (명화 12쌍), 설명서 1부 **인원** 2~4명 (팀 대결 가능) **소요 시간** 약 15~30분

➕ 게임 목표
카드를 뒤집어 같은 명화를 찾는 짝 맞추기 게임입니다.
가장 많은 쌍을 찾은 사람이 승리합니다!

➕ 게임 준비
명화 카드를 잘 섞은 후, 그림이 보이지 않도록 가로 6장 × 세로 4장으로 바닥에 펼칩니다.
순서를 정합니다. (가위바위보 또는 생일이 가장 빠른 사람부터)

➕ 게임 방법
① 자신의 차례가 되면, 카드 2장을 뒤집어 명화를 확인합니다.
② 같은 명화(짝)를 뒤집었을 경우, 해당 카드를 가져가고 한 번 더 턴을 진행할 수 있습니다.
③ 다른 명화를 뒤집었을 경우, 카드를 다시 뒤집어 원래 위치에 놓고 다음 사람에게 턴을 넘깁니다.
④ 이 과정을 반복하여 모든 명화 카드가 사라질 때까지 진행합니다.

➕ 응용 규칙 (선택 사항)
▸ 작가 이름 맞히기: 짝을 맞춘 후 해당 명화의 작가를 말하면 추가 점수 +1점
▸ 설명하기: 맞춘 명화에 대해 짧은 설명을 할 수 있으면 +1점
  (예: "모나리자는 레오나르도 다빈치의 작품이에요.")
▸ 팀 플레이: 2인 1조로 기억력을 공유하며 함께 진행할 수 있어요.

➕ 명화 리스트

	작품명	작가		작품명	작가
1	유다의 입맞춤	조토 디 본도네	7	십자가를 세움	피터 폴 루벤스
2	프리마베라	산드로 보티첼리	8	안녕하세요, 쿠르베 씨	귀스타브 쿠르베
3	모나리자	레오나르도 다 빈치	9	풀밭 위의 점심	에두아르 마네
4	아테네 학당	라파엘로 산치오	10	인상, 해돋이	클로드 모네
5	최후의 심판	미켈란젤로 부오나로티	11	별이 빛나는 밤	빈센트 반 고흐
6	성 마태오의 부르심	카라바조	12	절규	에드바르 뭉크

제품명: 채사장의 지대넓얕 14부록(명화 메모리 카드 게임)
제조자명: (주)돌핀북 주소: 서울시 마포구 토정로 47, 701
전화번호: 02-322-7182 사용연령: 3세 이상 제조연월: 2025.7
제조국명: 대한민국
ⓒ(주)돌핀북 이 제품을 무단 복사·전재하는 것은 저작권법에 위반됩니다.